⹋

VERDI: MACBETH

Opera en Cuatro Actos

⹋

Traducción al Español y Comentarios
por E. Enrique Prado

⹋

Libreto de
Francesco María Piave
Basado en "La Tragedia de Macbeth"
de William Shakespeare

Jugum Press

ℳ

ISBN-13: 978-1-939423-56-6
ISBN-10: 1-939423-56-2

Estudio de Compositor Giuseppe Verdi
de Wikimedia Commons – en.wikipedia.org
Imagen de portada por Roberto Focosi (1806-1862);
lithograph por Francesco Corbetta (1815-?)
https://upload.wikimedia.org/wikipedia/commons/e/e1/Macbeth-meets_the_witches.jpg
de Wikimedia Commons
(en el dominio público en los Estados Unidos y otros países)

Impreso en los Estados Unidos de América
Publicado por Jugum Press
www.jugumpress.com

Edición y diseño:
Annie Pearson, Jugum Press
Consultas y correspondencia:
jugumpress@outlook.com

Índice

Prefacio ಐ Macbeth

Macbeth, compuesta por Giuseppe Verdi, consta de cuatro actos escritos por Francesco María Piave sobre *La Tragedia de Macbeth* de William Shakespeare. Se presentó por primera vez en Florencia en el Teatro de la Pergola el 14 de marzo de 1847. El estreno en New York fue en 1850 y en Londres en 1938.

Verdi llegó a Florencia un mes antes del estreno en compañía de Muzio, su gran amigo y único discípulo, que se encargó de tocar el piano durante los ensayos.

Mariana Barbieri-Nini, primera Lady Macbeth, nos ha dejado el siguiente testimonio del ensayo general y del dúo del acto primero:

> "La noche del ensayo general, con el teatro lleno de amigos, Verdi ordenó a los artistas que se pusieran los disfraces; estábamos ya todos vestidos cuando él nos hizo una seña a mí y a Varesi (el primer Macbeth), para que lo acompañáramos a la sala del foyer para ensayar una vez más el *malditisimo* dúo.
>
> "'Maestro,' dije yo aterrorizada. '¿Estamos ya vestidos de escoceses, como es posible? Os pondreis una capa dijo, y Varesi fastidiado intentó protestar diciendo: 'Pero, lo hemos ensayado ciento cincuenta veces! ¡Por Dios! ¡No diras eso de aqui a media hora, porque serán ciento cincuenta y una!'
>
> "Fué necesario obedecer al tirano. Aun recuerdo las crueles miradas que le lanzaba encima Varesi mientras se dirigia al foyer, espada en mano, como si pensara en matar a Verdi, tal como debia matar poco depués al Rey Duncan."

La noche del estreno, el 14 de Marzo de 1847, desde tres horas antes de la señalada para levantar el telón, la galería estaba llena de espectadores. No había ninguna butaca vacía. En los palcos primeros y segundos podían verse a las "gimas nobles familias" florentinas, muchos distinguidos extranjeros y muchos ingleses dichosos de poder asociar el nombre de Shakespeare al del Maestro Verdi.

La representación fue un gran éxito tanto para Varesi como para la Barbieri-Nini. Verdi fue llamado a escena veintisiete veces en ésta primera noche y más de cuarenta en las dos representaciones siguientes. Recibió como regalo una corona de oro macizo, llevando en cada hoja el título de una de sus óperas y ésta inscripción: "A Verdi: los florentinos, sus admiradores."

El estreno de la segunda versión de *Macbeth* en el Theatre Lyrique de Paris el 21 de Abril de 1865 fue un fracaso. Quizás se debió a que el público parisino no estaba acostumbrado a ver óperas de trama tan tenebrosa. Verdi en una carta a un amigo escribió: "En definitiva, Macbeth fue un fiasco. Amen. Pero reconozco que no lo esperaba. Creía que no me había desempeñado del todo mal, pero me equivoqué."

Macbeth atreves de sus 170 años de vida ha tenido una fortuna regular. Fue muy bien acogida después de su primer estreno, pero en los últimos años del siglo XIX y durante el primer cuarto del siglo XX experimentó un serio declive; después de la Segunda Guerra Mundial su aceptación ha ido progresando sin cesar, hasta ganar de nuevo gran popularidad.

Después de su estreno en Florencia, se presentó en Madrid y en Barcelona en 1848; en el año de 1849 fue escuchada en Lisboa y en Viena. Al año siguiente se presentó en New York y en Constantinopla. Buenos Aires y San Petersburgo la disfrutaron en 1854 y en Dublín en 1859.

A Inglaterra llegó por primera vez en 1938. En 1952 se puso en La Scala de Milán en una memorable función dirigida por Victor de Sabata con Enzo Mascherini como Macbeth y Maria Callas como Lady Macbeth.

Traducción y comentarios por
E. Enrique Prado Alcalá
Tepoztlán, Noviembre de 1998

Sinopsis ∽ Macbeth

ACTO PRIMERO

Escena primera. Un bosque.

Entre truenos y relámpagos aparece un grupo de brujas cantando a coro mientras esperan la llegada de Macbeth y cuando llega se aprestan a predecirle su futuro.

Se oye un redoble de tambor que anuncia la llegada de Macbeth y llegan los generales escoceses Macbeth y Banquo provenientes de una batalla contra los invasores noruegos, comentando el carácter horrible y triunfal a la vez de un día como aquel.

Enseguida reparan en la presencia de las brujas de repugnante aspecto, carentes por completo de feminidad, y éstas saludan a Macbeth como Señor de Glamis—título que ostenta—y como Señor de Cawdor y Rey de Escocia-como títulos que le predicen, ostentará sucesivamente en el futuro. Macbeth tiembla ante tales palabras y Banquo siente entonces la curiosidad de saber también su futuro. Las brujas le dicen que será menor que Macbeth y sin embargo mucho más grande, no tan feliz, pero mucho más feliz y por fin, que no será rey pero si padre de reyes.

Después de saludarles con dos "vivas," las brujas desaparecen. Macbeth y Banquo han quedado completamente atónitos, pero su sorpresa se ve interrumpida por un grupo de mensajeros reales que anuncian a Macbeth que el Rey Duncan lo ha nombrado en premio a su valentía en combate, Señor de Cawdor; el noble que hasta ahora ostentaba éste título ha sido condenado a muerte por haberse pasado al enemigo.

Tanto Banquo como Macbeth se quedan aterrorizados, las predicciones de las brujas han comenzado a cumplirse: Macbeth se propone no hacer nada para obtener la corona que el destino le adjudica a pesar de que en su mente ha empezado a llenarse de pensamientos sangrientos. Banquo advierte la turbación de su compañero de armas y el orgullo que emana de toda su persona ante la esperanza de llegar a tener el trono, pero a diferencia de Macbeth, es consciente del engañoso proceder de los "espíritus de la tiniebla" como son las brujas. Todos parten lentamente y retornan las brujas asegurando que volverán a encontrarse con Macbeth cuando oigan el retumbar de los truenos. Las brujas parten también.

Escena segunda. Un atrio en el castillo de Macbeth.

Lady Macbeth se encuentra leyendo una carta de su esposo en donde le explica las predicciones de las brujas y cómo se ha cumplido ya una de ellas al ser nombrado Señor de Cawdor.

Lady Macbeth se pregunta si su esposo a pesar de ser un hombre ambicioso, tendrá la suficiente maldad para llegar hasta el prometido trono de Escocia. Ella está dispuesta todo. ¿Pero é lo estará?

Un sirviente le anuncia que al caer la tarde el rey Duncan llegara al castillo acompañado por Macbeth. La noticia es decisiva: Lady Macbeth invoca al espíritu infernal puesto que esta es la ocasión ideal para asesinar al monarca. Llega Macbeth, anuncia a su esposa que el Rey Duncan pernoctara en el castillo. Ella le insinúa el crimen, pero Macbeth este indeciso: ¿Si fallara el golpe? Lady Macbeth, le de animas y oye una música lejana y los dos esposos van a recibir al Rey. Entra Duncan acompañado por Banquo, Malcolm, el Príncipe heredero y Macduff y luego se dirige a descansar a sus aposentos Macbeth le da a un sirviente la siguiente orden: que le diga a Lady Macbeth que una vez que esté dispuesta su bebida nocturna, de un toque de campana. En este Orden se esconden otras intenciones: el toque de campana será la serial que Lady Macbeth usará para indicar que el camino a las estancias del rey, se encuentra despejado y que padre. Entrar en ellas y asesinarlo.

Macbeth permanece solo durante unos momentos y su estado febril le hace sentir alucinaciones: le parece ver un puñal ensangrentado suspendido en el aire con la empuñadura vuelta hacia él come invitándole a blandirlo. Se escucha el toque de la campana y se marcha a perpetrar el crimen.

Entra Lady Macbeth quién en medio del silencio escucha el último lamento del rey solo respondido por el lamento de un búho. Macbeth retorna vacilante y descompuesto, con el puñal y las manos ensangrentadas; recuerda coma en el momento de llevar a cabo el crimen oyó come en sueños oraban los cortesanos; él hubiera querido decir "Amen" a sus plegarias, pero la palabra se congelo en sus labios y este hecho le obsesiona también empieza a oír una voz interne que le reprende augurándole que su crimen no le dejara descansar jamás. Su esposa le quite importancia a todo, sintiéndose sorprendida al ver al que ha sido un gran soldado, lleno de espanto y delirando.

Convence a Macbeth de que debe regresar al lugar del crimen pare dejar el arma y manchar con sangre a los guardias del Rey, que se encuentran dormidos, para que de ese modo la acusación recaiga sobre ellos; Macbeth no se atreve y entonces ella es quien lo hace.

Macduff y Banquo llaman a las puertas del castillo lo cual horroriza a Macbeth, regresa Lady Macbeth con las manos ensangrentadas, se las lava y arrastra a su esposo hacia otro sitio para no despertar sospechas.

Al poco rata entran Macduff y Banquo, el primero va a despertar al rey; mientras tanto Banquo reflexiona sobre la noche que acaban de pasar, se oyen voces extrañas come las de un moribundo, los gemidos del búho portador de tristes augurios y también temblores de tierra.

Macduff regresa lanzando alaridos de dolor; no puede contar lo que ha vista y es Banquo quien ahora se dirige a los aposentos reales. Los esposos *Macbeth, Malcolm y los sirvientes se congregan ahí, retorna Banquo y anuncia* que el Rey ha sido asesinado. Todos expresan su horror y piden a Dios que les asista y que castigue en junta venganza al autor del crimen.

ACTO II.

Escena primera. Una estancia en el castillo de Macbeth.

Macbeth puede considerarse ya rey de Escocia corroborándose así los vaticinios de las bruja, el trono ha quedado vacante puesto que Malcolm, hijo de Duncan y heredero del trono se ha fugado precipitadamente a Inglaterra y eso ha hecho recaer las sospechas sobre el pero Macbeth siente remordimientos y evita a su esposa, se siente preocupado por las profecías de las brujas. Al fin bajo el efecto de las insinuaciones de su esposa decide recurrir a un medio que pueda contradecir al oráculo: eliminar a Banquo y a su hijo Fleance. Lady Macbeth piensa que un nuevo crimen es necesario; el deleite del trono y del cetro justifica cualquier acción, por mortífera que sea.

Escena segunda. Un parque.

A lo lejos se divisa el castillo de Macbeth grupos de sicarios contratados por Macbeth se encuentran durante el ocaso para matar a Banquo y a su hijo cuando pasen. Al cabo de un rato llegan Banquo y Fleance, ambos se internan entre los árboles, los asesinos caen sobre ellos, matan a Banquo pero Fleance consigue escapar.

Escena tercera. Magnifico salon en el castillo e Macbeth.

Un selecto grupo de invitados, entre ellos Macduff asiste a un banquete ofrecido por Macbeth y su esposa convertidos en los nuevos monarcas escoceses. Lady Macbeth levanta su copa para un brindis que los presentes se aprestan a repetir.

Mientras todos están distraídos, Macbeth se acerca a la puerta para hablar con un sicario quien le notifica que Fleance se les ha escapado, pero que Banquo ha muerto, Macbeth vuelve a la mesa y como su esposa está sentada en el trono, el ocupara la única silla vacía, la de Banquo. Cuando se dispone a sentarse el espectro de Banquo solo visto por él, ocupa el puesto.

Macbeth aterrorizado, pregunta a los presentes quien ha sido el autor de esa cruel burla.

Todos los invitados quedan sorprendidos por la actitud incomprensible del nuevo rey, propia de un demente, pero Lady Macbeth les asegura que tan solo se trata de un ataque pasajero. El espectro desaparece momentáneamente.

Macbeth pide excusas a los presentes e indica que se vuelva a repetir el brindis, sin olvidar a Banquo "aunque en esos momentos-dice este muy lejos." Así lo hace Lady Macbeth y lo repite todo el mundo, tras concluir el brindis, reaparece el espectro de Banquo, el terror de Macbeth es ahora incontenible y sus imprecaciones, en las que no faltan alusiones a la sangre vertida, llenan a los presentes de horror y de sospechas.

Una vez que el espectro por fin ha desaparecido, Macbeth decide ir a consultar a las brujas acerca de aquello que el futuro le tiene reservado. Lady Macbeth le impreca por su actitud cobarde y absurda, mientras tanto los invitados empiezan a comprender en quo manos ha caído Escocia. Macduff por su parte decide huir del país.

ACTO III.

Una obscura caverna.

En medio de truenos y relámpagos las brujas preparan en un caldero una pócima infernal con los más insólitos y aberrantes ingredientes e invocan a los espíritus. La escena n tarda en llenarse de ellos, acompañados de diablos y brujas que danzan en torno del caldero.

Poco después suspenden la danza e invocan a Hécate, dios de la noche y de los sortilegios, que aparece en medio del recogimiento fervoroso de los presentes, que temblando la contemplan.

Hécate dice a las brujas que conoce sus maleficios y por qué motivo ha sido invocada. Lo examina todo atentamente y anuncia que el rey Macbeth vendrá a interrogarlas para conocer su destino y deberán satisfacerle y en caso que las visiones abatiesen demasiado sus sentidos, será preciso que evoquen los espíritus del aire para despertarle y devolverle el vigor. Pero no debe retardarse para nada su destrucción. Todas las brujas reciben con respeto los decretos de la diosa, que desaparece entre truenos y relámpagos. A continuación todos rodean el caldero y tomados de las manos reinician la danza.

Llega Macbeth con algunos de sus hombres a los cuales ordena que esperen en la entrada de la caverna. Se dirige después a las brujas conjurándolas a que evoquen a los espíritus que puedan predecirle el futuro.

Así los hacen las brujas, y tras el destello de un rayo aparece el primer espíritu: una cabeza humana cubierta con un yelmo que aconseja a Macbeth sea prudente y vigile a Macduff. Macbeth quisiera interrogarle pero el espíritu desaparece. Estalla un trueno y aparece el segundo espíritu: un muchacho ensangrentado. Le predice que por más sanguinario y feroz que sea, ningún hombre nacido de mujer podrá hacerle daño. Esta predicción mueve a Macbeth a perdonar la vida de Macduff—a quien ha pensado también en eliminar—dadas las advertencias de la primera aparición, pero enseguida cambia de opinión y decide finalmente matarle. En medio de rayos y truenos aparece el tercer espíritu: un niño coronado, portador de un arbolito que predice a Macbeth que será glorioso e invencible mientras no vea el bosque de Birnam moverse y avanzar en contra suya. Este vaticinio llena a Macbeth de regocijo, puesto que tomando literalmente el sentido del mismo, nunca se ha movido ningún bosque por maleficio. Una última cuestión exige Macbeth sea respondida: ¿Ocuparán alguna vez su trono los descendientes de Banquo? Las brujas le aconsejan que no pregunte más, pero Macbeth les amenaza con su espada.

En ese momento el caldero es engullido bajo tierra y se escucha procedente de ese lugar el armónico sonido de una cornamusa. Las brujas ordenan la aparición de nuevos espíritus: ocho reyes van apareciendo y desapareciendo. Todos se parecen a Banquo—lo cual leña de espanto a Macbeth; el octavo es Banquo que lleva un espejo en la mano en el que se suceden nuevos reyes. Banquo se los muestra sonriente a Macbeth y éste inútilmente los ataca con su espada ya que se trata solo de espectros. Pregunta a las brujas si toda ésta saga vivirá y ellas le responden afirmativamente. Macbeth comprende que está perdido y que no ha podido eliminar a todos los enemigos en su loca escalada.

Pregunta a las brujas si toda esta saga vivirá y ellas le responden afirmativamente. Macbeth comprende que esa perdido y que no ha podido eliminar a todos los enemigos en su loca escalada hasta el poder y cae desvanecido. Las brujas obedeciendo las órdenes de Hécate, invocan a los espíritus aéreo—ondinas y sílfides—para que reconforten sus sentidos y su alma.

Macbeth vuelve en sí, está solo y maldice la hora en que fue a consultar el oráculo. Un heraldo anuncia la llegada de la reina, Macbeth le cuenta en pocas palabras los vaticinios de las brujas y ambos deciden exterminar el linaje de Macduff, incendiar su castillo y buscar a Fleance hijo de Banquo para matarlo también.

ACTO IV.

*Escena primera. Paraje desierto en los confines entre Escocia e Inglaterra.
A lo lejos el bosque de Birnam.*

Un grupo de refugiados escoceses comenta la opresión que sufre su patria convertida ahora en verdadero sepulcro. Macduff lleno de pesadumbre lamenta la pérdida de sus hijos y esposa asesinados por orden de Macbeth y expresa su remordimiento por haber huido de Escocia dejándolos a merced de los sicarios del tirano. Dirigiéndose a Dios, le ruega que lo traiga o lo deje libre y en ese caso, que le conceda su perdón.

Al son de un tambor aparece Malcolm a la cabeza de un ejército de aliados ingleses, con el fin de entrar en Escocia y acabar con la tiranía. Ordena que cada cual lleve ante sí una rama a modo de camuflaje. Después todos corren entusiastamente a liberar a la desventurada Escocia.

Escena segunda. Atrio en el castillo de Macbeth.

Es de noche. Un médico y la Dama de Lady Macbeth velan a la reina, aquejada de una grave enfermedad producida por los remordimientos. La Dama se resiste a contarle al doctor lo que ha oído decir a la Reina. Entra Lady Macbeth sonámbula llevando una lámpara en la mano.

Se muestra obsesionada por una mancha que cree tener en las manos y se las frota constan tremente...Rememora el momento del asesinato de Duncan, el primero de la larga serie de los asesinatos cometidos por ella y su esposo y también del exterminio de la descendencia de Macduff. Cree también percibir un hedor a sangre que jamás desaparece y repite la obsesión de la mancha en las manos. También recuerda a Banquo...y juzga absurda la visión de su fantasma por Macbeth; retorna después a los momentos pasados con él tras el asesinato de Duncan y las llamadas a la puerta. Finalmente, en medio del delirio se dirige a la cama llamando a Macbeth para que la acompañe. Su Dama y el médico horrorizados imploran la piedad divina.

Escena tercera. Sala del castillo de Macbeth.

Macbeth ha sido informado de que los prófugos escoceses encabezados por el joven Malcolm y los aliados ingleses se acercan, pero él sigue creyendo en las profecías de las brujas por la cual ningún hombre nacido de mujer podrá matarlo. A pesar de ello presiente que su vida está consumiéndose y sabe que de seguir con vida, su vejez no se verá adornada ni por la piedad ni por el respeto ni por el amor y que si muere su tumba será tan solo objeto de maldiciones.

La Dama de Lady Macbeth le informa que su esposa acaba e expirar. Ahora ya nada le importa; instantes después sus soldados le informan de que el bosque de Birnam—en realidad sus enemigos camuflados con ramas avanza hacia el lugar.

Ahora comprende el significado de las palabras de las brujas y solo le queda lanzarse al ataque.

Escena cuarta. Vasta llanura circundada por montículos y bosques.

Llegan en aquel momento los hombres de Malcolm, que abandonan las ramas con que se habían protegido... Se produce, en las cercanías el choque entre aquellos y los hombres de Macbeth, poco después éste aparece perseguido por Macduff. Macbeth le grita que ningún hombre nacido de mujer podrá hacerle daño, Macduff replica que él fue arrancado por cesárea del seno materno.

Macbeth se queda perplejo de espanto pero sigue luchando contra él y los dos contendientes desaparecen de escena blandiendo sus espadas.

Poco después se oye el grito de victoria de los soldados ingleses. Entra Malcolm con sus hombres y con un grupo de prisioneros y pregunta en dónde está el tirano. Macduff le informa que acaba de darle muerte, y, arrodillándose saluda al joven príncipe como rey de Escocia. Todos aplauden la victoria de Macduff sobre Macbeth, celebrando la caída el usurpador y cantando loas al Creador.

En acción de gracias. Malcolm promete a todos que se esforzará para que la alegría de éste día victorioso perdure para siempre y así felizmente concluye la ópera.

FIN

Reparto ঙ Macbeth

MACBETH, general del ejército del Rey Duncan — Barítono
BANQUO, general del ejército del Rey Duncan — Bajo
LADY MACBETH, esposa de Macbeth — Soprano
MACDUFF, noble escocés, Señor de Piff — Tenor
MALCOLM, hijo de Duncan — Tenor
HÉCATE, diosa de la Noche
FLEANCE, hijo de Banquo

Coro y comparsas de brujas, prófugos escoceses, nobles, sicarios, y soldados.

Acto I

Escena Primera.
Un bosque, aparecen tres grupos de brujas, uno tras otro, entre truenos y relámpagos.

PRIMERAS BRUJAS
Che faceste? Dite su!

1. ¿Qué habéis hecho? ¡Decídnoslo!

SEGUNDAS BRUJAS
Ho sgozzato un verro!

2. ¡He degollado un jabalí!

PRIMERAS BRUJAS
E tu?

3. ¿Y tú?

TERCERAS BRUJAS
M'è frullata nel pensier
la moglièra d'un nocchier
m'è frullata nel pensier
al dimon la mi cacciò
la mogliera d'un nocchier
al dimon la mi cacciò;
ma lo sposo che salpò
col suo legno affogherò

4. Me pasó por el pensamiento
que la mujer de un piloto
me pasó por el pensamiento
me había mandado al demonio
que la mujer de un piloto
me habla mandado al demonio;
pero al esposo que zarpó
lo haré naufragar con su barco.

PRIMERAS BRUJAS
Un rovaio ti darò.

5. Un huracán te daré.

SEGUNDAS BRUJAS
I marosi io leverò.

6. La tempestad levantaré.

TERCERAS BRUJAS.
Per le secche lo trarrò.

7. A los bajos lo llevaré.

TODAS

Per le secche...etc.

I marosi...etc.

Un rovaio...etc.

Si, per le secche...etc.

8.   A los bajos...etc.

La tempestad...etc.

Un huracán...etc.

Si, a los bajos...etc.

(Se escucha el sonar de un tambor.)

Un tamburo! Che sarà?

Vien Macbetto. Eccolo qua.

¡Un tambor! ¿Qué será?

Viene Macbeth. Helo aquí.

(Las brujas se toman de las manos e inician una danza formando un círculo.)

Le sorelle vagabonde

van per l'aria, van sull'onde,

sanno un circolo intrecciare

che comprende e terra e mar.

Las hermanas vagabundas

van por el aire, van sobre las olas,

saben trenzar un círculo

que comprende tierra y mar.

(Entran Macbeth y Banquo.)

MACBETH

Giorno non vidi mai si fiero

e bello!

9.   ¡Nunca había visto un día tan fiero

y tan bello!

BANQUO

Nè tanto glorioso!

10.   ¡Ni tan glorioso!

MACBETH

Oh, chi saran costor?

(Mirando a las brujas)

11.   ¿Quiénes serán ellas?

BANQUO

Chi siete voi? Di questo mondo

altra regione?

Dirvi donne vorrei

ma me lo vieta

quella sordida barba.

12.   ¿Quiénes son ustedes? ¿Sois de éste

mundo o de otra región?

Quisiera llamaros mujeres

pero me lo impiden

esas horribles barbas.

MACBETH

Or via parlate!

13.   ¡Vamos, hablen!

PRIMERAS BRUJAS

Salve, o Macbetto di Glamis sire!

14.   ¡Salve, oh Macbeth, señor de Glamis!

SEGUNDAS BRUJAS

Salve, Macbetto, si Caudor sire!

15.   ¡Salve, oh Macbeth, señor de Cawdor!

TERCERAS BRUJAS.
Salve, Macbetto, si di Scozia re!

16.   ¡Salve, Macbeth, rey de Escocia!

(Al oir esto Macbeth tiembla.)

BANQUO
Tremar vi fanno cosi lieti auguri?

Favellate a me pur se non v'è scuro,
creature fantastische, il futuro.

(A Macbeth)
17.   ¿Te hacen temblar tan alegres augurios?
(A las brujas)
Habladme a mí también
criaturas fantásticas, de mi futuro.

PRIMERAS BRUJAS
Salve!

18.   ¡Salve!

SEGUNDAS BRUJAS
Salve!

19.   ¡Salve!

TERCERAS BRUJAS
Salve!

20.   ¡Salve!

PRIMERAS BRUJAS
Men sarai di Macbetto e pur maggiore!

21.   Serás menor que Macbeth y más grande.

SEGUNDAS BRUJAS
Non quanto lui, ma più di lui felice!

22.   ¡No tan feliz, pero mucho más feliz!

TERCERAS BRUJAS
Non re ma de monarchi genitor!

23.   ¡No rey, pero padre de reyes!

TODAS
Macbetto e Banquo, vivano!
Banquo e Macbetto, vivano!

24.   ¡Vivan Macbeth y Banquo!
¡Vivan Banquo y Macbeth!

(Las brujas desaparecen.)

MACBETH
Svanir!
Saranno i figli tuoi sovrani!

25.   ¡Desaparecieron!
¡Tus hijos serán soberanos!

BANQUO
E tu re pria di loro!

26.   ¡Y tu rey antes que ellos!

MACBETH Y BANQUO
Accenti arcani!

27.   ¡Palabras misteriosas!

(Llegan los mensajeros del rey.)

MENSAJEROS
Pro Macbetto, il tuo signore
sir t'elesse di Caudore!

MACBETH
Ma quel sire ancor vi regge!

MENSAJEROS
No! Percosso dalla legge
soto il ceppo egli spirò.

BANQUO
Ah, ah! L'inferno il ver parlò!

MACBETH
Due vaticini compiuti or sono...
mi si promette dal terzo un trono...
ma perche sento rizzarsi il crine?
Pensier di sangue
d'onde sei nato?
Alla corona che m'offre il fato
la man rapace non alzeró.

BANQUO
Oh, come s'empie costui d'orgoglio
nella speranza d'un regio soglio!
Ma spesso l'empio spirto d'averno
parla e c'inganna, veraci detti
abandonna poi maledetti
su quell'abisso che ci scavo.

MENSAJEROS
Perchè si freddo n'udi Macbetto?
Perchè l'aspetto non sereno?

28. ¡Valiente Macbeth, tu soberano
te nombra señor de Cawdor!

29. ¡Pero si el actual señor, aun reina!

30. ¡No! Fulminado por la ley
ha expirado bajo el hacha.

31. ¡Ah, ah! ¡El infierno ha dicho la verdad!

32. ¿Dos vaticinios se han cumplido ya...
y el tercero me promete un trono...
pero porqué se me rizan los cabellos?
¡Pensamientos de sangre,
de donde han nacido?
A la corona que me ofrece el destino
no alzaré mi ávida mano.

33. ¡Oh, cómo se hincha él de orgullo
con la esperanza de un regio trono!
Pero a menudo los crueles espíritus del averno
no dicen verdades para engañarnos
y nos abandonan después, malditos
en ese abismo que ellos excavaron.

34. ¿Por qué Macbeth nos ha escuchado tan frio?
¿Por qué su rostro no está sereno?

(Todos se marchan lentamente. Las brujas regresan.)

BRUJAS
S'allontanarono!
N'accozzeremo cuando
di fulmini lo scroscio udremo.
S'allontanarono!
Fugiam! ...S'attenda
le sortie a compiere
nella tregenda.

35. ¡Se han alejado!
Coincidiremos de nuevo cuando
de los truenos el retumbar oigamos.
¡Se han alejado!
¡Huyamos! ...Esperemos
que se cumplan los destinos
en el estrépito.

BRUJAS

Macbetto riedere vedrem colà
e il nostro oracolo
gli parlera.

Macbetto riedere...etc.
Fuggiam, fuggiam!
Fuggiam, fuggiam! ...etc.

(*continuó*)

Veremos a Macbeth regresar aquí.
Y nuestro oráculo
le hablará.

Veremos a Macbeth...etc.
¡Huyamos, huyamos!
¡Huyamos, huyamos! ...etc.

(*Parten.*)

Escena Segunda.
Atrio en el castillo de Macbeth.

LADY MACBETH

Nel di della vittoria io le incontrai
Stupito io n'era
per le udite cose;
quando i nunzi del re
mi salutaro
Sir di Caudore,
vaticinio uscito dalle veggenti
stesse che predissero
un serto al capo mio.
Racchiudi in cor questo segreto.
Addio.
Ambizioso spirto, tu sei Macbetto
Alla grandezza aneli,
ma sarai tu malvagio?
Pien di misfatti è il calle della potenza
e mal per lui che il piede
dubitoso vi pone
e retrocede!
Vieni! T'affretta! Accendere
ti vò quel freddo core!
L'audace impresa a compiere
io ti darò valore.
Di Scozia a te promettono
le profetesse il trono...
Che tardi? Accetta il dono.
ascendivi a regnar.
Che tardi... etc.

(*Leyendo una carta*)

36.

En el día de la victoria las encontré
Aun estaba yo estupefacto
por las cosas que escuché;
cuando los mensajeros del rey
me saludaron
Señor de Cawdor,
vaticinio dicho por las videntes
las mismas que predijeron
una corona para mi cabeza.
Esconde en tu corazón éste secreto.
Adiós.
Ambicioso espíritu es el tuyo Macbeth
¡Anhelas la grandeza,
pero serás tan malvado?
¡El camino que conduce al poder
está lleno de crimenes....
y pobre del que avanza con pie dudoso
y retrocede!
¡Ven, apresúrate quiero encender
ese frío corazón!
Yo te daré valor para cumplir
la audaz empresa.
De Escocia el trono te prometieron
las profetisas...
¡Qué esperas? Acepta el regalo.
Asciende a reinar.
Qué esperas... etc.

(*Entra un sirviente.*)

SIRVIENTE
Al cader della sera il re qui giunge.

37. Al caer de la noche llegará aquí el rey.

LADY MACBETH
Che di? Macbetto è seco?

38. ¿Qué dices? ¿Macbeth está con él?

SIRVIENTE
Ei l'accompagna.
La nuova, o donna è certa.

39. Él lo acompaña.
La noticia señora, es cierta.

LADY MACBETH
Trovi accoglienza quale un re si merta.
Duncan sará qui? ...
Qui? ... La notte? ...
Or tutti sorgete
ministri infernali,
che al sangue incorate
spingete i mortali!
Che al sangue incorate!
Tu, notte, ne avvogli
di tenebra immota
qual petto percota
non vegga il pugnale.
Qual petto percota non vegga...
il pugnal... etc.
Or tutti sorgete...etc.

40. Que se le reciba como se merece un rey.
¿Duncan estará aquí?
¿Aquí? ... ¿En la noche? ...
¡Surgid pues todos
ministros infernales,
que vierten la sangre
animen a los mortales!
¡A verter sangre!
Tú, noche envuélvenos
en eternas tinieblas
para que mi puñal
no vea al pecho que hiere.
Que no vea al pecho que hiere...
el puñal... etc.
Surgid pues todos... etc.

(Entra Macbeth.)

MACBETH
O donna mia!

41. ¡Oh, esposa mía!

LADY MACBETH
Caudore!

42. ¡Cawdor!

MACBETH
Fra poco il re vedrai.

43. Dentro de poco verás al rey.

LADY MACBETH
E partirá?

44. ¿Y partirá?

MACBETH
Domani.

45. Mañana.

LADY MACBETH
Mai non ci rechi il sole un tal domani.

46. Que no nos traiga el sol un tal mañana.

MACBETH
Che parli?

LADY MACBETH
E non intendi?

MACBETH
Íntendo, intendo.

LADY MACBETH
Or bene?

MACBETH
E se fallisse il colpo?

LADY MACBETH
Non fallirà se tu non tremi.

(*Asustado*)
47. ¿Qué dices?

48. ¿Qué no entiendes?

49. Entiendo, entiendo.

50. ¿Y entonces?

51. ¿Y si fallase el golpe?

52. No fallará si tú no tiemblas.

(*Se oyen los ecos de una música que se acerca.*)

Il re!
Lieto or lo vieni ad incontrar con me.

¡El rey!
Ahora ven contento conmigo a recibirlo.

Parten.

Se oye una música rústica, la cual avanza anunciando la llegada del rey.
Este cruza el atrio de camino hacia sus aposentos acompañado
de Banquo, Macbeth, Lady Macbeth y su séquito.

MACBETH
Sappia la sposa mia che,
pronta appena la mia tazza notturna
vò che un tocco di squilla
a me lo avvisi.

(*A un sirviente.*)
53. Dile a mi esposa que una vez
que esté dispuesta mi bebida nocturna
quiero que un toque de campanilla
me lo advierta.

(*El sirviente parte.*)

Mi ci affaccia un pugnal?
L'elsa a me volta?
Se larva non sei tu
ch'io ti brandisca...
sfuggi... eppur ti veggo!
A me precorri sul confuso cammin
che nella mente di seguir disegnava!
Orrenda immago!
Solco sangigno
la tua lam irriga!

¿Se me aparece un puñal?
¿Con la empuñadura vuelta hacia mí?
¡Si no eres una visión
que yo pueda blandir...
mi huyes de mí y aun así te veo!
¡Anticípame el confuso camino
que en mi mente pensaba seguir!
¡Horrenda imagen!
¡Tu hoja parece regar
un surco sanguinolento!

MACBETH

Ma nulla esiste ancora. Il sol cruento
mio pensier le da forma e come vera
si presenta allo sguardo una chimera
Sulla metà del mondo
or morta è la natura;
or l'assasino ahora
come fantasma per l'ombre si striscia
or consuman le streghe i lor misteri.
Immobil terra à pasi miei stà muta!

(continuó)

Pero nada existe aún
Es solomi espantoso pensamiento
el que le da forma como si fuese cierta
me presenta a mi mirada una quimera
sobre la mitad del mundo
ahora aparece muerta la naturaleza;
el asesino se arrastra como un fantasma
y ahora las brujas consuman sus misterios.
Inmóvil tierra! Permanece muda a mis pasos!

(Se oye un toque de campana.)

E deciso...
quel bronzo ecco m'invita!
Non udirlo Duncano! E squillo eterno
che nel cielo ti chiama, o nell inferno.

¡Está decidido...
ese bronce me invita a hacerlo!
¡No lo escuches Duncan! Es el tañido de la
eternidad que al cielo te llama, o al infierno.

(Macbeth entra en los aposentos del rey.)

LADY MACBETH

Regna il sonno su tutti...
Oh, qual lamento!
Risponde il gufo al suo lugubre addio!

(Entra lentamente.)

54. Reina el sueño sobre todos...
¡Ah! ¿Qué es ese lamento?
¡El búho responde a su lúgubre adiós!

MACBETH

Chi v'ha?

55. ¿Quién va?

LADY MACBETH

Ch'ei fosse di letargo uscito pria
del colpo mortal?

56. ¿Se habrá despertado antes
del golpe mortal?

(Aparece Macbeth vacilante y descompuesto con el puñal ensangrentado en la mano.)

MACBETH

Tutto è finito!
Fatal mia donna! un murmure com'io,
non intendesti?

57. ¡Todo ha terminado!
¡Fatal esposa mía! ¿No has escuchado non
también un murmullo?

LADY MACBETH

Del gufo udii lo stridere
Testè che mai dicesti?

58. ¿He oído el grito del búho
Pero que has dicho tú ahora?

MACBETH

Io?

59. ¿Yo?

LADY MACBETH
Dianzi udirti pavermi.

MACBETH
Mentre io scendea?

LADY MACBETH
Si!

MACBETH
Di'nella stanza attigua
chi dorme?

LADY MACBETH
Il regal figlio...

MACBETH
O vista! O vista orribile!

LADY MACBETH
Storna da questo il ciglio.

MACBETH
O vista orribile, o vista orribile!
Nel sonno udivo che oravano
i cortigiani, è "Dio
sempre ne assista," el dissero:
Amen dir volli anch'io,
ma la parola indocile
gelò sui labbri miei.

LADY MACBETH
Follie!

MACBETH
Perchè, perchè ripetere...
quell'Amen non potei?

LADY MACBETH
Follie! Follie che sperdono...
i primi rai del di.

MACBETH
Perchè non potei...etc.
Allor questa voce m'intesi nel petto:

60. Hace poco me pareció oírte.

61. ¿Mientras yo bajaba aquí?

62. ¡Si!

63. ¡Dime! ¿Quién duerme
en la estancia contigua?

64. El hijo del rey.

(Mirándose las manos.)
65. ¡Oh visión! ¡Oh visión horrible!

66. Aparta de ellas tu mirada.

67. ¡Oh visión horrible, oh visión horrible!
¡Oi que en el sueño oraban
los cortesanos, y "Que Dios
siempre nos asista" ellos dijeron:
Amen, quise decir yo también,
pero la palabra rebelde
se congeló en mis labios.

68. ¡Locura!

69. ¿Porqué, porqué no pude repetir...
ese Amen?

70. ¡Locuras! Locuras que dispersan...
los primeros rayos del día.

71. Por qué no pude... etc.
Entonces oí esa voz en mi pecho:

MACBETH

"Avrai per guanciali sol vepri,
o Macbetto!
Il sonno per sempre,
Glamis uccidesti! Non v'è che vigilia,
Caudore per te!"

LADY MACBETH

Ma dimmi, altra voce non parti udire?
"Sei vano o Macbetto,
ma privo d'ardire;
Glamis, a mezz'opra vacilli, t'arresti
fanciul vanitoso, Caudore tu se!"

MACBETH

Com'angeli d'ira
vendetta tuonarmi
udrò di Duncano
le sante virtù.

LADY MACBETH

Quell'animo trema
combatte, delira
Chi mai lo direbbe
l'invitto che fù?

MACBETH

Vendetta tuonarmi... etc.

LADY MACBETH

Chi mai lo direbbe... etc.

Il pugna! là riportate...
Le sue guardie insanguinate
che l'accusa in lor ricada.

MACBETH

Io... Colà?
Non posso entrar.

(continuó)

"¡Tendrás por almohadas solo zarzas,
oh Macbeth!
Has asesinado el sueño para siempre.
¡Glamis! ¡No quedan para ti más que
noches en vela Cawdor!"

72.   ¿Pero dime, no te parece escuchar otra voz?
"Eres orgulloso oh Macbeth,
pero sin audacia;
Glamis, vacilas, te detienes cuando tu obra
está a medias. ¡No eres más que
un niño vanidoso, Cawdor!"

73.   Como los ángeles de la ira
clamando venganza
así oiré las virtudes santas
de Duncan pregonar.

(Para si.)
74.   Ese ánimo tembloroso
combate consigo mismo, delira.
¿Quién diría jamás que ése fue
un invicto soldado?

75.   Clamando venganza... etc.

76.   ¿Quién diría jamás? ... etc.
(A Macbeth)
Retornad allí el puñal...
Ensucia con sangre a los guardias del rey
que la acusación caiga sobre ellos.

77.   Yo... ¿Allí?
No puedo entrar.

(Lady Macbeth arranca de las manos de Macbeth el puñal.)

LADY MACBETH

Dammi il ferro.

78.   Dame el arma.

(Lady Macbeth entra en los aposentos el rey.
Se oye golpear con fuerza la puerta del castillo.)

MACBETH

Ogni rumore mi spaventa.

Oh, questa mano!
Non potrebbe l'oceano
queste mani a me lavar!

79.   Cualquier ruido me asusta.
(Se mira las manos asustado.)
¡Oh, ésta mano!
¡No podría el océano
lavarme éstas manos!

(Lady Macbeth regresa y oye lo que ha dicho su marido.)

LADY MACBETH

Vè! Le mani ho lorde anch'io:
poco spruzzo, e monde son.
L'opra anch'essa andrà in obblio.

80.   ¡Mira! También yo tengo sucias las manos:
un poco de agua y quedan limpias.
Así también nuestra obra se olvidará.

(Se oyen renovados golpes en la puerta el castillo.)

MACBETH

Odi tu? Raddopia il suon!

81.   ¿Oyes tú? ¡El ruido es más fuerte!

LADY MACBETH

Vien! Vien altrove! Ogni sospetto
rimoviam dall'uccisore.
Torna in te!
Fa cor Macbetto!
Non ti vinca un vil timor.

82.   ¡Ven! ¡Ven a otro lugar! Alejemos toda
sospecha del asesino.
¡Vuelve en ti!
¡Ten valor Macbeth!
Que no te venza el vil temor.

MACBETH

Oh potessi il mio delitto dalla
mente cancelar!
Oh potessi, o re trafitto,
l'alto sonno a te spezzar!

83.   ¡Oh, si pudiera borrar de
mi mente mi delito!
¡Oh si pudiera oh rey asesinado,
romper tu profundo sueño!

LADY MACBETH

Vieni altrove ogni sospetto...

84.   Ven a otro lugar, toda sospecha...

MACBETH

Potessi il sonno a te spezzar... etc.

85.   Si pudiera romper tu profundo sueño... etc.

(Lady Macbeth, logra arrastrar a su marido hacia afuera.
Poco después entran Macduff y Banquo.)

MACDUFF

Di destarlo per tempo il re m'impose:
e di già tarda è l'hora.
Qui m'attendete o Banquo

86. El rey me ordenó que lo despertara
temprano y ya es tarde.
Esperadme aquí Banquo.

(Se dirige a las estancias del rey.)

O qual orrenda notte!
Per l'aer cieco lamentose voci,
voci s'udian di morte
Gemea cupo l'augel di tristi auguri augurios
e della terra si senti il tremore.

¡Oh qué horrenda noche!
Atreves del aire oscuro se oían lamentos
se oían voces de muerte
Gemía taciturno el pájaro de los tristes
y de la tierra se sentía el temblor.

MACDUFF

Orrore, orrore!

(Muy agitado)

87. ¡Horror, horror!

BANQUO

Che avvene mai?

88. ¿Pero qué ha sucedido?

MACDUFF

Lo...là dentro...
contemplate voi stesso...
io dir nol posso!

89. ¡Allí...allí dentro...
contempladlo vos mismo...
yo no lo puedo decir!

(Mientras Banquo entra en los aposentos reales Macduff, dá la alarma.)

Correte, olà!
Tutti! Accorrete tutti!
Oh delitto! Oh delito!
Oh tradimento!

¡Corred, ahoy!
¡Todos! ¡Corran todos!
¡Qué crimen! ¡Qué crimen!
¡Oh qué traición!

*(Entran apresuradamente Macbeth, su esposa,
la Dama de compañía de Lady Macbeth y varios sirvientes.)*

MACBETH Y LADY MACBETH

Qual subito scompiglio!

90. ¡Qué súbita conmoción!

BANQUO

Oh noi perduti!

(Entrando)

91. ¡Estamos perdidos!

TODOS

Che fú? Parlate! Che segui di strano?

92. ¿Qué ocurrió? ¡Hablad! ¿Sucedió algo raro?

BANQUO

E morto asassinato il Re Duncano!

93. ¡El Rey Duncan ha muerto asesinado!

TODOS

Schiudi, inferno, la bocca ed inghiotti
nell'tuo grembo l'intero creato;
sull'ignoto assassino esecrato
le tue fiamme discendano, o ciel!

LADY MACBETH, DAMA, MACBETH

O gran Dio
che ne'cuori penetri...

MALCOLM, BANQUO, CORO.

O gran Dio che ne'cuori... etc.

**LADY MACBETH, MACBETH,
MACDUFF Y DAMA**

...tu ne assisti, in te solo fidamo...

MALCOLM, BANQUO, CORO

... tu ne assisti...etc.

**LADY MACBETH, MACBETH, DAMA,
MACDUFF**

...a squarciar...

TODOS

...delle tenebre a squarciar il vel.
O gran Dio... etc.
...A squarciare il vel.
L'ira tua formidable e pronta
colga l'empio, o fatal punitor;
e vi stampa sul volto l'impronta
che stampasti sul primo uccisor.
Gran Dio, gran Dio!
In te fidiam, Signor!

94.   ¡Abre infierno la boca y engulle
en tu seno todo lo creado;
que sobre el execrable asesino
desciendan tus llamas, o cielo!

95.   Oh gran Dios
que penetras en los corazones...

96.   Oh gran Dios que penetras... etc.

97.

   ...Asístenos, solo en ti confiamos....

98.   ...Asístenos...etc.

99.

   ... para romper...

100.   ...de las tinieblas romper el velo.
Oh gran Dios... etc.
...A romper el velo.
Que Tu ira formidable y pronta
castigue al impío o fatal vengador;
y estampe sobre su rostro la impronta
que estampaste sobre el primer asesino.
¡Gran Dios, gran Dios!
En ti confiamos Señor.

Acto II

Escena Primera.
Una estancia en el castillo e Macbeth.
Entra Macbeth pensativo seguido de Lady Macbeth, que lo observa.

LADY MACBETH
Perchè mi sfuggi, e faso ognor
ti veggo in un pensier profondo?
Il fatto è irreparabile!
Veraci parlar le maliarde
e re tu sei.
Il figlio di Duncanoper l'imporvvisa
sua fuga in Inghilterra, parricida fu detto.
e vuoto il soglio a te lasciò.

101. ¿Por qué me evitas y sumido te veo
siempre con pensamientos profundos?
¡El hecho es irreparable!
Las hechiceras dijeron la verdad
y tú eres rey.
El hijo de Duncan por su precipitada
fuga a Inglaterra fue declarado parricida
y vacante el trono te dejó.

MACBETH
Ma le spintali donne
Banquo, padre
di regi han profetato...
Dunque i suoi figli regneràn?
Duncano per costor sará spento?

102. Pero las endemoniadas mujeres
profetizaron que Banquo
será padre de reyes...
¿Entonces sus hijos reinarán?
¿Y por ellos hemos matado a Duncan?

LADY MACBETH
Egli è suo figlio vivono, è ver...

103. El y su hijo viven, es cierto...

MACBETH
Ma vita immortale non hanno...

104. Pero no tienen vida inmortal...

LADY MACBETH
Ah si, non l'hanno!

105. ¡Ah sí, no la tienen!

MACBETH
Forza è che scorra
un altro sangue o donna.

106. Es necesario que se derrame
más sangre, mujer.

LADY MACBETH
Dove? Quando?

107. ¿Donde? ¿Cuando?

MACBETH
Al venir di questa notte.

108. Cuando anochezca.

LADY MACBETH
Immoto sarai tu nel tuo disegno?

109. ¿Sabrás mantenerte firme en tu plan?

MACBETH
Banquo, l'eternità t 'apre il suo regno...

110. Banquo, la eternidad te abre su reino...

(Macbeth sale precipitadamente.)

LADY MACBETH
La luce langue
il faro spegnesi ch'eterno
scorre per gli ampi ciel!
Notte desiata
provvida veli
la man colpevole che ferirà.
Nuovo delitto!
E necessario! E necessario!
Compiersi debbe
L'opra fatale.
Ai traspassati regnar non cale;
a loro un requiem
l'eternità.
O voluttà del soglio!
O scettro, alfin sei mio!
Ogni mortal desio
tace e s'acqueta in te.
O voluttà del soglio!
Cadrà fra poco esànime
chi fu predetto re.

111. ¡La luz languidece
y el faro que eternamente recorre
los amplios cielos, se extingue!
Noche deseada
vela providencialmente
sobre la mano culpable que herirá.
¡Un nuevo crimen!
¡Es necesario! ¡Es necesario!
Debe cumplirse
la obra fatal.
Los muertos no necesitan reinar
para ellos un réquiem
y la eternidad.
¡Oh voluptuosidad del trono!
¡Oh cetro, al fin eres mío!
Todo deseo mortal
calla y se serena en ti.
¡Oh voluptuosidad del trono!
Caerá exánime dentro de poco
quién fue predicho rey.

Escena Segunda.
Un parque. A lo lejos se divisa el castillo de Macbeth.
Es casi de noche.
(Dos grupos de sicarios se encuentran en el parque.)

PRIMEROS SICARIOS
Chi v 'impone unirvi a voi?

112. ¿Quién ordenó uniros a nosotros?

SEGUNDOS SICARIOS
Fu Macbetto.

113. Fue Macbeth.

PRIMEROS SICARIOS
Per qual ragión?

SEGUNDOS SICARIOS
Deggiam Banquo trucidar.

PRIMEROS SICARIOS
Quando? Donde?

SEGUNDOS SICARIOS
Insiem con voi.
Con suo figlio el sosterà.

PRIMEROS SICARIOS
Rimanete...bene stà.

TODOS
Sparve il sol!
La notte stenda un vel,
scellerata, insanguinata sta.
Cieca notte, spegni ogni lume in terra
apparir non deve un regio in ciel
L 'ora è presso, or n'occultiamo,
nel silenzio lo aspettiamo.
Trema Banquo! Nel tuo flanco,
stà la punta del coltel!

114. ¿Por qué razón?

115. Debemos matar a Banquo.

116. ¿Cuando? ¿Donde?

117. Junto con nosotros.
El vendrá con su hijo.

118. Está bien...quedaos aquí.

119. ¡Se ha puesto el sol!
Que la noche extienda un velo,
malvada, y sangrienta sea.
Ciega noche, apaga toda luz en la tierra
no aparecerá ni un rayo en el cielo.
Se acerca la hora, ahora ocultémonos,
lo esperaremos en silencio.
¡Tiembla Banquo! ¡En tu flanco,
está la punta del puñal!

(Llega Banquo con su hijo Fleance.)

BANQUO
Studia il passo, o mio figlio...
usciam da queste tenebre... un senso ignoto
mi sento in petto,
pien di tristo presagio e di sospetto.
Come dal ciel precipita
l'ombra più sempre oscura!
In notte ugual traffisero
Duncano, il mio signor.
Mille affannose immagini
m'annunciano sventura,
e il mio pensiero ingombrano
di larve e di terror,
e il mio pensier...etc.

120. Vigila tus pasos hijo mío...
Salgamos de éstas tinieblas, una sensación
desconocida siento en el pecho,
lleno de tristes presagios y de sospechas.
¡Cómo se precipitan desde el cielo
las sombras cada vez más obscuras!
En una noche igual asesinaron
a Duncan, mi señor.
Mil penosas imágenes
me anuncian una desgracia,
y embarazan mi pensamiento
con fantasmas y terror,
y embarazan mi pensamiento... etc.

(Fleance y Banquo se pierden entre los arboles.)

BANQUO

Ohimè! Fuggi, mio figlio!
oh tradimento!

(Desde el bosque)

121. ¡Dios mío! ¡Huye hijo mío!
¡Oh traición!

(Fleance huye corriendo, perseguido de cerca por varios sicarios.)

Escena Tercera.
Salón de banquetes en el castillo de Macbeth.

Lady Macbeth, Macbeth, Dama de compañía, Macduff, damas y caballeros se hallan en el salón.
La mesa está espléndidamente servida. Circulan sirvientes con viandas y bebidas.

CORO

Salve o re!

122. ¡Salve oh rey!

MACBETH

Voi pur salvete,
nobilissimi signori!

123. ¡Salve también a vosotros,
nobilísimos señores!

CORO

Salve o donna!

124. ¡Salve oh señora!

LADY MACBETH

Ricevete la mercè
dè vostri onori...

125. Recibid mi agradecimiento
por vuestros honores...

MACBETH

Prenda ciascun l'orrevole
seggio al suo grado eletto!
Pago son io d'accogliere
tali ospiti di banchetto.
La mia consorte assidasi
nel trono a lei sortito
ma pria le piaccia un brindisi
sciogliere a vostro onor.

126. ¡Que cada cual se siente de acuerdo
con su agrado!
Estoy muy contento de acoger
comensales como vosotros en mi banquete.
Que mi consorte se siente
en el trono reservado para ella
pero que antes escoja un brindis
en vuestro honor.

LADY MACBETH

Al tuo regale invito
son pronta o mio signor.

127. A tu real invitación
estoy dispuesta, mi señor.

CORO

E tu ne udrai rispondere
come ci detta il cor.

128. Y vos nos oiréis responder
como nos dicta el corazón.

LADY MACBETH

Si colmi il calice
di vino eletto
nasca il diletto
muoia il dolor.
Da noi s'involino
gli odi e gli sdegni
folleggi e regni
qui solo amor, amor.
Gustiamo il balsamo
d'ogni ferita
che nuova vita
ridona il cor.
Cacciam le torbide
cure dal petto: nasca il diletto
muoia il dolor.

129. Llenen las copas
del vino más selecto
que nazca el placer
y muera el dolor.
Que de nosotros se alejen
los odios y desdenes
que enloquezca y reine
aquí solo el amor, amor.
Degustemos el bálsamo
de cada herida
que nueva vida
devuelve al corazón.
Expulsemos de nuestros pechos
las turbias preocupaciones
que nazca el placer y muera el dolor.

MACDUFF, DAMA Y CORO

Cacciam le torbide... etc.

130. Expulsemos de nuestros pechos... etc.

LADY MACBETH

... muoia il dolor...
nasca il diletto... etc.

131. ...y muera el dolor...
que nazca el placer... etc.

TODOS

Cacciam le torbide... etc.

132. Expulsemos de nuestros pechos... etc.

(Uno de los sicarios se presenta por una puerta lateral del salón.
Macbeth se apresura a acercársele.)

MACBETH

Tu di sangue hai brutto il volto!

133. ¡Tienes el rostro manchado de sangre!

SICARIO

È di Banquo.

134. Es de Banquo.

MACBETH

Il vero ascolto?

135. ¿Escucho la verdad?

SICARIO

Sì!

136. ¡Sí!

MACBETH

Ma il figlio?

137. ¿Pero y el hijo?

SICARIO
Ne sfuggi.

138. Se nos escapó.

MACBETH
Cielo! Ma Banquo?

139. ¡Cielos! ¿Pero y Banquo?

SICARIO
Egli mori.

140. Ha muerto.

(Macbeth despide al sicario.)

LADY MACBETH
Che ti scosta o re mío sposo
dalla gioia dei banchetto?

(A Macbeth)
141. ¿Qué te aparta o rey, esposo mío
de la alegría del banquete?

MACBETH
Banquo falla il valoroso
chiuderebbe il serto eletto
a quant'avvi di più degno
nell'intero nostro regno.

142. Falta Banquo el valeroso
que completaría la guirnalda elegida
cuánto hay de más digno
en todo nuestro reino.

LADY MACBETH
Venir disse e ci mancò.

143. Dijo que vendría pero nos falló.

MACBETH
In sua vece io sederò

144. En su lugar me sentaré.

(Macbeth se dispone a sentarse, pero el espectro de Banquo,
solo visible para él, ocupa el lugar. Exclama aterrorizado:)

Di voi chi ciò fece?

¿Quién de vosotros ha hecho esto?

TODOS
Che parli?

145. ¿De qué hablas?

MACBETH
Non dirmi ch'io fossi!
le ciocche cruente
non scuotermi incontro...

(Al espectro)
146. ¡No me digas que he sido yo...!
Tus mechones ensangrentados
no las agites contra mí...

TODOS
Macbetto è soffrente!
Partiamo!

(Levantándose)
147. ¡Macbeth está enfermo!
¡Marchémonos!

LADY MACBETH
Restate! gli è morbo fugace...

148. ¡Quedaos! Es un ataque pasajero...

(En voz baja y feroz se dirige a Macbeth.)

E un uomo voi siete?

¿Y vos sois un hombre?

MACBETH

Lo sono, ed audace s'io guardo tal
cosa che el demone stesso
farebbe spavento...là...là...
Nol ravvisi? ...là...

Oh poi, che le chiome scrollar
t'è concesso, favella!
Il sepolcro puo render gli uccisi?
La tomba puo render gli uccisi?
Devolverlos? Favella!

149. Lo soy y audaz, puesto que miro
una cosa tal que al mismo demonio
lo asustaría... allí...allí...
¿No lo ves? ...allí...
(Al espectro.)
¡Puesto que puedes sacudir
tus cabellos habla!
¿Puede el sepulcro devolver
a los asesinados?
¿Puede la tumba? ¡Habla!

(El espectro desaparece.)

LADY MACBETH

Voi siete demente!

(A Macbeth, furiosa y en voz baja.)

150. ¡Estás loco!

MACBETH

Quest'occhi l'han visto!

151. ¡Estos ojos lo han visto!

LADY MACBETH

Sedete, mio sposo!
Ogn'ospite è tristo.
Svegliate la gioia!

152. ¡Sentaos esposo mío!
Todos nuestros invitados están tristes.
¡Despertad a la alegría!

MACBETH

Ciascun mi perdoni!
Il brindisi lieto di nuovo
risuoni, ne Banquo obbliate,
che lungi è tuttor.

153. ¡Perdonadme todos!
Que el alegre brindis de nuevo
se escuche, y no olvidéis a Banquo,
aunque esté lejos.

(Levantando su copa Lady Macbeth intenta restablecer el ánimo.)

LADY MACBETH

Si colmi il calici di vino eletto;
nasca il diletto e muoia il dolor.
Da noi s'involino... etc.
Vuotiam per l'inclito Banquo i bicchieri!
Flor de guerrieri
di Scozia onor!

154. Llénense las copas con el vino más selecto;
que nazca el placer y muera el dolor.
Que de nosotros se alejen... etc.
Vaciemos nuestras copas por el ínclito.
¡Flor de guerreros
y honor de Escocia!

MACDUFF, DAMA Y CORO
Vuotiam per l'inclito Banquo...etc.

155. Vaciemos nuestras copas...etc.

TODOS
... di Scozia onor!

156. ... ¡Y honor de escocia!

(El espectro reaparece pero solo lo ve Macbeth.)

MACBETH
Va! Spirto d'abisso!
Spalanca una fossa,
o terra, l'ingoia
fiammeggian quell'ossa!
Quel sangue fumante
mi sbalza nel volto,
quel guardo a me volto
trafiggemi il cor!

(Aterrorizado)
157. ¡Vete! ¡Espíritu del infierno!
¡Abre una fosa
oh tierra y engúllelo
que ardan sus huesos!
¡Esa sangre humeante
me salpica la cara,
esa mirada vuelta hacia mí
me traspasa el corazón!

TODOS
Sventura! Terror!

158. ¡Desventura! ¡Terror!

MACBETH
Quant'altri io pur oso!
Diventa pur tigre
leon minaccioso
m'abbranca Macbetto
tremar non vedrai
conoscer potrai
s'io provi terror
Ma fuggi! Deh fuggi fantasma tremendo!

159. ¡Yo me atrevo a todo!
Conviértete en tigre
león amenazante
agárrame y no veras temblar a Macbeth
y podrás saber si me causas terror.
¡Pero vete!
¡Márchate, vete, vete!
¡Fantasma terrible!

(El fantasma desaparece y Macbeth se calma.)

La vita riprendo!

¡La vida vuelve a mí!

LADY MACBETH
Vergogna signor!

(Furiosa y desanimada.)
160. ¡Qué vergüenza señor!

TODOS
Sventura, sventura!

161. ¡Desventura, desventura!

MACBETH
Sangue a me quell'ombra chiede
e l'avrà, l'avrà, lo giuro!
Il velame del futuro
alle streghe squarcierò.

(A su esposa.)
162. ¡Ese espectro quiere sangre
y la tendrá, la tendrá, lo juro!
El velo del futuro
a las brujas arrancaré.

38

DAMA, CORO
Biechi arcani! Sgomentato
da fantasmi egli hà parlato!
Uno speco di ladroni
questa terra diventò...

MACDUFF
Biechi arcani! ...S'abbandoni
questa terra; or ch'ella è retta
da una mano maledetta,
viver solo il reo vi può...

LADY MACBETH
Spirto imbelle! Il tuo spavento
vane larve t'ha creato.
Il delitto è consumato,
chi mori tornar non può!

MACBETH
Sangue a me quell'ombra chiede...etc.

163. ¡Siniestros misterios! ¡Aterrorizado
de fantasmas él ha hablado!
En una cueva de ladrones
se ha convertido ésta tierra...

(Para si.)
164. ¡Siniestros misterios! ...Abandonaré
ésta tierra ahora que ella está regida
por una mano maldita,
solo un malvado puede vivir aqui...

(Furiosa.)
165. ¡Espíritu débil! Tu espanto
te ha creado absurdos fantasmas.
¡El delito está consumado,
el que muere no puede retornar!

166. Ese espectro quiere sangre... etc.

Acto III

Una cueva obscura.
En el centro hay un caldero hirviendo y a su entorno se hallan las brujas reunidas.
Truenos y relámpagos.

TERCERAS BRUJAS.
Tre volte miagola
la gatta in fregola.

167. Tres veces ha maullado
la gata en celo.

SEGUNDAS BRUJAS
Tre volte l'upupa
lamenta ed ulula.

168. Tres veces la lechuza
ha ululado su lamento.

PRIMERAS BRUJAS
Tre volte l'istrice
guaisce al vento.

169. Tres veces el puerco espín
ha chillado al viento.

TODAS.
Questo è il momento.
Su via! Sollecite
giriam la pentola
mesciamvi in circolo
possenti intingoli
sirocchie all'opra!
L'aqua già fuma,
crepita e suma.

170. Este es el momento.
¡Vamos! ¡Solícitas
giremos el caldero
mezclemos en círculo
poderosos potajes
hermanas, manos a la obra!
El agua ya humea
crepita y hace espuma.

(Arrojando ingredientes al caldero.)

TERCERAS BRUJAS
Tu, rospo benefico
che suggi l'aconito
tu vepre, tu radica
sbarbata al crepuscolo
va, cuoci e gorgoglia
nel vaso infernal.

171. Tu venenoso sapo
que chupas el acónito
tu zarza, tu raíz
arrancada durante el crepúsculo
anda, cuécete y hierve
en el caldero infernal.

SEGUNDAS BRUJAS

Tu, lingua di vipera
tu, pelo di nottola,
tu sangue i scimia
tu dente di botolo,
va, bolli e t'avvoltola,
nel limo infernal.

PRIMERAS BRUJAS

Tu, dito d'un pargolo
strozzato nel nascere,
tu, labbro d'un tartaro
tu, cuor d'un eretico
và dentro e consolida
la polta infernal.

(Agregando ingredientes al caldero.)

172. Tú, lengua de serpiente
tú, pelo de murciélago,
tu, sangre de simio
tu diente de perro
anda, hazte bola y hierve
en el caldo infernal.

(Arrojando cosas al caldero.)

173. Tú, dedo de un niñito
estrangulado al nacer,
tú, labio de un tártaro
tú, corazón de un hereje
ve dentro y consolida
el potaje infernal.

(Todas las brujas inician una danza en torno al caldero.)

TODAS.

Bolli, bollí!
E voi spirti
negri e candidi
rossi, ceruli,
candidi, negri!
Voi che mescere
ben sapete
rimescete la polta infernale!
Voi che mescer ben sapete
rimescete, rimescete...

174. ¡Hierve, hierve!
¡Y vosotros espíritus
negros y blancos
rojos y cerúleos
blancos y negros!
¡Vosotros que bien
sabéis mezclaros
mezclaos de nuevo en el caldo infernal!
Vosotros que bien sabéis mezclaros
re mézclense, re mézclense...

La cueva se llena de espíritus, diablos y brujas que danzan en torno al caldero hacen una pausa en su danza e invocan a Hécate diosa de la noche y de la brujería.

Aparece Hécate y las brujas asumen una actitud de fervorosa devoción.

Hécate dice a las brujas que ella está pendiente de su trabajo y les dice que ella sabe porqué la han citado a su cueva. Les anuncia que el Rey Macbeth viene a interrogarlas acerca del destino que le aguarda y les advierte que deben complacerlo.

Les dice que si las apariciones que el rey presencie lo trastornan emocionalmente, ellas deben invocar a los espíritus el aire para revivirlo y darle nuevas fuerzas pero que la ruina que lo espera no debe ser retrasada.

Hécate desaparece entre rayos y truenos y finalmente el siniestro grupo reinicia la danza alrededor del caldero, tomadas de las manos.

(Llega a la entrada de la cueva y ordena a sus hombres:)

MACBETH
Finchè appelli
silenti m 'attendete

Che fate voi misteriose donne?

BRUJAS
Un'opra senza nome.

MACBETH
Per quest'opra infernal
io vi scongiuro!
Ch'io sappia il mio destin,
se cielo e terra
dovvessero innovar
l'antica guerra!

BRUJAS
Dalle incognite posse
udir lo vuoi
cui ministre obbediam,
oppur da noi?

MACBETH
Evocatele pur, se el futuro
mi possono chiarir
l'enigma oscuro.

BRUJAS
Dalle basse e dall'alte regioni
spirti erranti, salite, scendete!

175. Hasta que yo los llame
Esperenme en silencio.
(Avanza hacia las brujas)
¿Qué hacen misteriosas mujeres?

176. Una obra sin nombre.

177. ¡Por esa obra infernal
yo os conjuro!
¡Que yo sepa mi destino
si el cielo y la tierra
deben renovar
la antigua guerra!

178. ¿Quieres oírlo por boca
de los ignotos poderes que
obedecemos como ministras
o bien por nosotras?

179. Evocadlos pues si del futuro
me pueden aclarar
el obscuro enigma.

180. ¡De las profundas y de las altas regiones
espíritus errantes, subid y bajad!

(Un fuerte relámpago brilla y aparece una cabeza humana cubierta con un yelmo.)

MACBETH
Dimmi o spirto...

BRUJAS
T'ha letto nel core
taci e n'odi le voci segrete.

APARICIÓN.
O Macbetto, Macbetto, Macbetto!
Da Macduffo ti guarda prudente.

181. Dime oh espíritu...

182. He leído en tu corazón
cállate y escucha las voces secretas.

183. ¡Oh Macbeth, Macbeth, Macbeth!
Cuídate de Macduff, sé prudente.

MACBETH
Tu m'afforzi l'accolto sospetto!
Solo un motto...

184. ¡Tú refuerzas la sospecha que tengo!
Una palabra más...

(El espectro desaparece)

BRUJAS
Richieste non vuole.
Ecco un altro di lui più possente.

185. No admite preguntas.
He aquí otro más poderoso que él.

(Un trueno y aparece un muchacho ensangrentado.)

Taci, e n'odi l'occulte parole.

Cállate y escucha sus palabras ocultas.

APARICIÓN
O Macbetto, Macbetto, Macbetto!
esser puoi, sanguinario feroce;
nessun nato di donna ti nuoce.

186. ¡Oh Macbeth, Macbeth, Macbeth!
Puedes ser sanguinario, feroz;
pero ningún hombre nacido
de mujer podrá hacer daño.

(Desaparece.)

MACBETH
O Macduffo, tu vita perdono...!
No, no, no!
No! Morrai!
Sul regale mio petto
doppio usbergo sarà
la tua morte!

187. ¡Oh Macduff, tu vida perdono...!
¡No, no, no!
¡No! ¡Morirás!
¡Sobre mi pecho real
doble coraza será
tu muerte!

(Rayos y truenos. Aparece un niño portador de un arbolito.)

Ma che avvisa quel lampo, quel tuono?
Un fanciullo col serto dei re!

¿Pero que me avisan esos rayos y truenos?
¡Un niño cubierto con corona real!

BRUJAS
Taci, ed odi!

188. ¡Calla y oye!

APARICIÓN
Stà d'animo forte
glorioso, invincibili sarai
fin che il bosco di Birna vedrai
ravviarsi e venir contro te!

189. ¡Ten el ánimo fuerte
serás invencible y glorioso
hasta que el bosque de Birnam
no veas moverse y avanzar contra ti!

(Desaparece.)

MACBETH

Oh! Lieto augurio!
Per magica possa
selva alcuna giammai non fu mossa,
giammai, no giammai!

Or mi dite, salire al mio soglio,
la progenie di Banquo dovrá?

BRUJAS

Non cercarlo!

MACBETH

Lo voglio! lo voglio!
O su voi la mia spada cadrà!

(El caldero desaparece bajo tierra.)

La caldaia è sparita! Perchè?

(Se oye el sonido de una cornamusa procedente de bajo tierra.)

Qual concento! Parlate! Chè y'è?

PRIMERAS BRUJAS

Apparite!

SEGUNDAS BRUJAS

Apparite!

TERCERAS BRUJAS.

Apparite!

TODAS

Poi qual nebbia di nuovo sparite!

(Ocho reyes, todos parecidos a banquo, iran apareciendo y desapareciendo.
Aparece el primer rey.)

MACBETH

Fuggi regal fantasima!
che Banquo a me rammenti!
La tua corona è folgore,
gli ochi mi fai roventi!

(Desaparece el primer rey y aparece el segundo.)

190. ¡Oh! ¡Feliz augurio!
¡Ningún poder mágico
ha podido jamás mover bosque alguno,
jamás, no, jamás!
(A las brujas)
¡Ahora decidme, deberá subir a mi trono
la progenie de Banquo?

191. ¡No quieras saber más!

192. ¡Lo quiero saber!
¡O sobre ustedes mi espada caerá!

¡El caldero ha desaparecido! ¿Por qué?

¡Qué armonía! ¡Hablad! ¿Qué es eso?

193. ¡Apareced!

194. ¡Apareced!

195. ¡Apareced!

196. ¡Y después desapareced como la niebla!

197. ¡Vete de mí vista, real fantasma!
¡Que me recuerdas a Banquo!
¡Tú corona deslumbrante
me pone los ojos al rojo vivo!

45

Via, spaventosa immagine,
che il crin di bende hai cinto!

¡Vete espantosa imagen,
con los cabellos recogidos con vendas!

(Desaparece. Aparecen los otros que enseguida se van.)

Ed altri ancor ne sorgono?
Un terzo? Un quarto? Un quinto? ...

¿Y aun aparecen más?
¿Un tercero? ¿Un cuarto? ¿Un quinto?

(Aparecen el sexto y el séptimo, el octavo es Banquo con un espejo en la mano.)

O mio terror dell'ultimo
splende uno specchio in mano
e nuovi Re s'attergano
dentro al cristallo arcano
È Banquo...o vista orribile!
Ridendo a me gli addita!

Oh qué terror, el último
lleva un reluciente espejo en la mano
y nuevos reyes se suceden
dentro del misterioso cristal
¡Es Banquo...qué horrible visión!
¡Riéndose de mí me los señala!

(Desenvaina su espada y se lanza en pos de los espectros.)

Muori fatal progenie!
Ah! Che non hai tu vita!
Ahi Vista! Ahi vista!
Ah! ...Che non hai tu vita!
Ahi Vista! Ahi vista orribile!
Oh terror! Oh mio terror!

Vivran costor?

¡Muere fatal progenie!
¡Ah! ¡Si no tienen vida!
¡Qué visión! ¡Qué visión!
¡Ah! ...¡Si no tienen vida!
¡Ah visión! ¡Visión horrible!
¡Oh terror! ¡Oh terror mío!
(A las brujas)
¿Vivirán éstos?

BRUJAS
Vivranno!

198. ¡Vivirán!

MACBETH
Me perduto!

199. ¡Estoy perdido!

(Cae devanecido al suelo.)

BRUJAS
Ei sviene!
Aerei spinti ridonate
la mente al re svenuto!

200. ¡Se ha desmayado!
¡Espíritus aéreos devolvedle
la mente al rey desmayado!

(Poco a poco descienden los espíritus aereos.)

CORO DE BRUJAS
Ondine e silfide dall'ali candide
su quella pallida fronte spirate.
Tessete in vortice carole amoniche
e sensi ed anima gli confortate.

201. Ondinas y sílfides de cándidas alas
soplad sobre esa pálida frente.
Dancen en armoniosos círculos
y conforten sus sentidos y su alma.

(Los espíritus danzan y luego desaparecen.)

MACBETH
Ove son io? Svanirò!
...Oh, sia nè secoli maledetta
quest'ora in sempiterno!

(Se recupera.)
202. ¿En dónde estoy? ¡Han desaparecido!
...¡Que ésta hora sea maldita
por todos los siglos y para siempre!

(Entra un heraldo.)

HERALDO
La regina.

203. La reina.

MACBETH
Che!

(Para si.)
204. ¡Qué!

(Entra la reina.)

LADY MACBETH
Vi trovo alfin! Che fate?

205. ¡Te encuentro al fin! ¿Qué haces?

MACBETH
Ancora le streghe interrogai!

206. ¡Interrogué de nuevo a las brujas!

LADY MACBETH
E disser?

207. ¿Y qué es lo que dijeron?

MACBETH
Da Macduff ti guarda!

208. ¡Que me cuide de Macduff!

LADY MACBETH
Segui...

209. Continúa...

MACBETH
"Te non ucciderà nato
di donna."

210. "Ningún hombre nacido de mujer
te matará."

LADY MACBETH
Segui...
Invitto sarai finchè la selva
di Birna contro te non muova.

211. Continúa...
Invicto serás mientras el bosque
de Birnam no se mueva contra ti.

47

LADY MACBETH
Segui...

MACBETH
Ma pur di Banquo apparvemi
la stirpe e regnerà.

LADY MACBETH
Menzogna! Menzogna! Menzogna!
Morte, sterminio, sull'iniqua razza!

MACBETH
Si, morte! Di Macduffo arda la rocca!
Perano moglie e prole!

LADY MACBETH
Di Banquo il figlio
si rinvenga e muoia!

MACBETH
Tutto il sangue si sperda
a noi nemico!

LADY MACBETH
Or riconosco il tuo coraggio antico!

MACBETH
Ora di morte e di vendetta...

LADY MACBETH
...Tuona rimbomba
per l'orbe intero...

MACBETH
...Come assordante l'atro pensiero...

LADY MACBETH
...Del cor le fibre tutte intronò!

MACBETH
Ora di morte...

LADY MACBETH
...E di vendetta...

212. Continúa...

213. Pero también se me ha aparecido
la estirpe de Banquo que reinará.

214. ¡Mentira! ¡Mentira! ¡Mentira!
¡Muerte, exterminio sobre ese inicuo linaje!

215. ¡Que arda en llamas el castillo de Macduff!
¡Que perezcan su esposa e hijos!

216. ¡Que encuentren al hijo de Banquo
y que muera!

217. ¡Que se derrame toda la sangre
de nuestros enemigos!

218. ¡Ahora reconozco tu antiguo coraje!

219. Hora de muerte y de venganza...

220. ...Que truene y retumbe
por el mundo entero...

221. ...Ensordeciendo las ideas funestas...

222. ...¡Aturdiendo todas las fibras del corazón!

223. Hora de muerte...

224. ...Y de venganza...

MACBETH Y LADY MACBETH
Vendetta, vendetta, vendetta!
Ora di morte ornai t'affretta!
Incancellabile il fatto ha scritto.

MACBETH
...L'impresa compier...

LADY MACBETH
...Deve il delitto...

MACBETH
...Deve il delitto...

LADY MACBETH
...poche col sangue...

MACBETH Y LADY MACBETH
...col sangue s'inaugurò
Vendetta, vendetta, vendetta!

MACBETH
Ora di morte e di...

LADY MACBETH
... vendetta!

225. ¡Venganza, venganza, venganza!
¡Hora de muerte, apresúrate!
Indeleblemente lo ha escrito el destino.

226. ...La empresa debe completar...

227. ...El delito...

228. ...El delito...

229. ...puesto que con sangre...

230. ...con sangre se inauguró...
¡Venganza, venganza, venganza!

231. Hora de muerte y de...

232. ... ¡venganza!

Acto IV

Escena Primera.
Paraje desierto en los límites entre Escocia e Inglaterra.
A lo lejos el Bosque de Birnam. Refugiados escoceses, mujeres y niños se hallan agrupados.
Macduff está apartado lleno de pesadumbre.

REFUGIADOS

Oppressa! Il dolce nome,
madre aver non puoi
or che tutta a'figli tuoi
sei conversa in un avel!
D'orfanelli e di piangenti
chi lo sposo e chi la prole
al venir del nuovo sole
s'alza un grido e fere il ciel.
A quel grido il ciel risponde
quasi voglia impietosito
propagar per l'infinito
patria oppressa, il tuo dolor.
Suona a morto onor la squilla
ma nessuno audace è tanto
che pur doni un vano pianto
a chi soffre ed a chi muor!
Patria oppressa! Patria oppressa!
Patria mia! O patria!

233. ¡Patria oprimida! ¡El dulce nombre
de madre no puedo darte ahora
que toda tú para tus hijos
te has convertido en un sepulcro!
De los huérfanos y de lasque
al llegar el nuevo sol
se alza un grito
que hiere al cielo.
A ese grito el cielo responde
casi como si conmovido quisiera
propagar por el infinito
patria oprimida, tu dolor.
¡La campana suena a muerto
pero nadie es tan audaz
para derramar un llanto inútil
por aquellos que sufren y que mueren!
¡Patria oprimida! ¡Patria oprimida!
¡Patria mía! ¡Oh patria!

MACDUFF

O figli miei!
Da quell tirano tutti uccisi
voi foste, e insieme con voi
la madre sventurata!
Ah fra l'artigli
di quel tigre io lascio
la madre e i figli?

234. ¡Oh hijos míos!
¡Por aquel tirano todos fuisteis
asesinados y juntos con vosotros
la madre desventurada!
¿Ah, entre las garras
de aquel tigre yo dejé
a la madre y a los hijos?

MACDUFF

Ah, la paterna mano
non vi fu scudo, o cari
dai perfidi sicari
che a morte vi ferir!
E me fuggiasco, occulto
voi chiamavete invano
coll'ultimo singulto
coll'ultimo respir.
Ah! Trammi al tiranno in faccia
Signore, e s'el mi sfugge
possa a colui le braccia
del tuo perdon aprir.

(continuó)

¡Ah, la paterna mano
no ha sido vuestro escudo oh queridos
contra los pérfidos sicarios
que os hirieron mortalmente!
Y a mí fugitivo oculto
en vano me llamabais
con el último sollozo
con el último suspiro.
¡Ah! Trae ante mí el tirano
Señor y si logra huir de mi
ábrele los brazos de tu perdón.

(Al son de un tambor entra Malcolm conduciendo a un gran número de soldados ingleses.)

MALCOLM

Dove siam? Che bosco è quello?

235. ¿Dónde estamos? ¿Qué bosque es aquel?

SOLDADOS Y CORO

La foresta di Birnamo.

236. El Bosque de Birnam.

MALCOLM

Svelga ognuno, e porti un ramo,
che lo asconda innanzi a se!

Ti conforti la vendetta.

237. ¡Que todos corten una rama y la lleven
consigo frente a si para que los oculte!
(A Macduff)
La venganza te confortará.

MACDUFF

Non l'avrò...di figli è privo!

238. ¡No la tendré...él no tiene hijos!

MALCOLM

Chi non odia il suol nativo
prenda l'armi e segua me.

239. Quien no odie a su tierra natal
que tome las armas y me siga.

MACDUFF Y MALCOLM

Tradita
piangendo ne invita
Fratelli! Gli oppressi
corriamo a salvar.

240. La patria traicionada
llorando nos invita.
¡Hermanos! A los oprimidos
corramos a salvar.

PRÓFUGOS

La patria traicionada, etc.

241. La patria taradita, etc.

MACDUFF Y MALCOLM -
Già l'ira divina
sull'empio ruina...

242. Ya la ira divina
      está arruinando al impío...

PRÓFUGOS
Già l'ira divina... etc.

243. Ya la ira divina... etc.

MACDUFF Y MALCOLM
...Gli orribili eccesi
l'Eterno stancaro

244. ...Los horribles excesos
      han cansado al Eterno.

PRÓFUGOS
... Gli orribili eccessi... etc.

245. ... Los horribles excesos... etc.

MACDUFF MALCOLM PRÓFUGO, etc.
Fratelli! Gli oppressi
corriamo a salvar!
Fratelli, corriam, corriam!

246. ¡Hermanos! ¡A los oprimidos
      corramos a salvar!
      ¡Hermanos, corramos, corramos!

Escena Segunda.
Una sala en el castillo de Macbeth. Es de noche.
El médico y la dama de compañia de Lady Macbeth hablan en voz baja.

DOCTOR
Vegliammo invan due notti.

247. Hemos velado en vano dos noches.

DAMA
In questa apparirà.

248. En ésta aparecerá.

DOCTOR
Di che parlava nel sonno suo?

249. ¿De qué hablaba en su sueño?

DAMA
Ridirlo non debbo ad uom che viva...

250. No debo repetirlo a nadie...

(Lady Macbeth aparece, caminando dormida, con una lámpara en la mano.)

Eccola!

¡Hela ahí!...

DOCTOR
Un lume recasi recasi in man?

251. ¿Lleva una luz en la mano?

DAMA
La lampada che sempre
si tene accanto al letto.

252. La lámpara que siempre
      tiene al lado del lecho.

DOCTOR
Oh, come gli occhi spalanca!

253. ¡Oh, como abre sus ojos!

DAMA
Eppur non vede.

254. Ella no ve.

(Lady Macbeth asienta la lámpara y se frota las manos como si quisiera limpiarlas de algo sucio.)

DOCTOR
Perché sfrega la mani?

255. ¿Por qué se frota las manos?

DAMA
Lavarsi crede!

256. ¡Cree que se las lava!

LADY MACBETH
Una macchia è qui tuttora...
Via, ti dico o maledetta!
Una...due...gli è questa l `ora!
Tremi tu? ...non osi entrar?
Un guerrier cosi codardo?
Oh vergogna! Orsu, t'affretta!
Chi poteva in quel vegliardo
tanto sangue immaginar?
Chi poteva immaginar.

257. Una mancha siempre tengo aquí...
¡Fuera de aquí te digo, maldita!
¡Una...dos...ha llegado la hora!
¿Tiemblas? ¿No osas entrar?
¿Un guerrero y tan cobarde?
¡Qué vergüenza! ¡Date prisa!
¿Quién hubiera imaginado que
aquel viejo había de tener tanta sangre?
Quien podría imaginar.

DOCTOR
Che parlò?

258. ¿De qué habla?

LADY MACBETH
Di fife il sire
sposo e padre or or non era?
Che ne avvenne?

259. ¿Del señor de Fife
no era esposo y padre?
¿Qué fue de él?

DAMA Y DOCTOR
Oh terror!

260. ¡Oh terror!

LADY MACBETH
E mai pulire queste mani io non saprò!
E mai pulire io non saprò!

261. ¡Y nunca sabré como limpiar éstas manos!
¡Nunca sabré limpiarlas!

DAMA Y DOCTOR
Oh terror!

262. ¡Oh terror!

LADY MACBETH

Di sangue umano
sa qui sempre...Arabia intera
rimondar ci picciol mano
coi suoi balami non può,
no, no, non può...
...Ohimè!

DOCTOR

Geme?

LADY MACBETH

I panni indossa
della notte... Or via ti sbratta!
Banquo è spento, e dalla fossa
non surse ancor.

DOCTOR

Questo ancor?

LADY MACBETH

Orsu! Macbetto!
Sfar non puoi la cosa fatta...
Batte alcuno...andiam Macbetto,
non t'accusi il tuo pallor.

DAMA Y DOCTOR

Oh, terror!

LADY MACBETH

Batte alcuno!

DAMA Y DOCTOR

Oh, terror!

LADY MACBETH

Andiam, Macbetto.

DAMA Y DOCTOR

Oh terror!

263. De sangre humana siempre...
Arabia entera no podría
purificar una mano tan pequeña
con todos sus bálsamos no podría,
no, no, no podría...
...¡Ay de mí!

264. ¿Gime?

265. Poneos vuestras ropas
de noche... ¡Ahora vamos, lávate!
Banquo ha muerto y quien murió
no vuelve a salir de la fosa.

266. ¿Y además esto?

267. ¡Vamos! ¡Macbeth!
No puedes deshacer lo que está hecho...
alguien llama...vamos Macbeth,
que no te acuse tu palidez.

268. ¡Oh, terror!

269. ¡Alguien llama!

270. ¡Oh terror!

271. ¡Vamos, Macbeth!

272. ¡Oh terror!

Escena Tercera.
Una habitación en el castillo de Macbeth.

MACBETH
Perfidi! All anglo contro
me v'unite!
Le potenze presaghe han profetato
"Esser puoi sanguinario, feroce:
nessun nato
di donna ti nuoce."
No, non temo di voi, nè del
fanciullo che vi conduce!
Raffermar sil trono quest'assalto
mi debbe o sbalzarmi per sempre!
...Eppure la vita...
sento nelle mie fibre inaridita!

Pietà rispetto, amore,
conforto a di cadenti.
Ah! Non spargeran d'un flore
la tua canuta età.

Nè sul tuoi regio sasso
sperar soavi accenti
Ah! Sol la bestemmia, ahi lasso!
la nenia tua sarà.

VOCES DE MUJERES
Ella è morta!

MACBETH
Qual gemito!

DAMA
È morta la regina!

MACBETH
La vita! ...Che importa?
È il raconto d'un povero idiota,
vento e suono che nulla dinota!

SOLDADOS
Sire, ah! Sire!

273. ¡Pérfidos! ¡Os habéis unido a los ingleses
en contra mía!
Los poderosos adivinos han profetizado:
"Puedes ser sanguinario, feroz:
pero ningún hombre nacido de mujer
podrá hacerte daño."
¡No nada temo de vosotros ni
del muchacho que os acaudilla!
¡Ese asalto debe reafirmarme en el trono
o arrojarme de él para siempre!
... ¡Y no obstante... siento en mis venas,
que la vida se ha consumido!

Piedad, respeto, amor,
consuelo para mis días otoñales.
Ah! No arrojarán ni una flor
en tu encanecida edad.

Ni sobre tu tumba real
esperes suaves elogios.
¡Ah! Solo maldiciones serán
los cantos funerarios a ti dirigidos.

274. ¡Ella está muerta!

275. ¿Qué son esos gemidos?

276. ¡La reina ha muerto!

277. ¡La vida! ... ¿Qué importa ahora?
¡Es la narración de un pobre idiota,
viento y sonido que no significan nada!

(Entrando)
278. ¡Señor! ¡Ah! ¡Señor!

MACBETH
Che fu? Quali nuove?

279. ¿Qué pasa? ¿Qué noticias nuevas?

SOLDADOS
La foresta di Birnam si muove!

280. ¡El Bosque de Birnam se mueve!

MACBETH
M'hai deluso, infernale presagio!
Qua l'usbergo, la spada, il pugnale!
Prodi, all'armi!

281. ¡Me has engañado, presagio infernal!
¡Aquí, mi coraza, mi espada el puñal!
¡A las armas valientes!

SOLDADOS
Dunque all'armi!

282. ¡Entonces a las armas!

MACBETH
La morte...

283. La muerte...

SOLDADOS
La morte...

284. La muerte...

MACBETH
La morte...

285. La muerte...

SOLDADOS
La morte...

286. La muerte...

MACBETH Y SOLDADOS
...O la vittoria!

287. ...¡O la victoria!

Escena Cuarta.
Una vasta llanura circundada por varios montículos y bosques.
El fondo de la misma está ocupado por soldados ingleses
que avanzan lentamente llevando cada uno una rama ante si.

MALCOLM
Via le fronde e mano all'armi!
Mi seguite!

288. ¡Fuera las frondas y empuñad las armas!
¡Seguidme!

SOLDADOS
All'armi! all'armi!

289. ¡A las armas! ¡A las armas!

(Malcolm, Macduff y los soldados parten.
Se escuchan ruidos de batalla.
Entra Macbeth, perseguido por Macduff.)

MACDUFF
Carnefici di figli miei t'ho giunto!

290. ¡Verdugo de mis hijos, al fin te tengo!

MACBETH
Fuggi! Nato di donna
uccidermi non puo.

291. ¡Huye! Quien haya nacido de mujer
no puede matarme.

MACDUFF
Nato non sono
strappatto fui dal sen materno.

292. Yo nunca nací. Fui arrancado antes de
tiempo del seno materno.

MACBETH
Cielo!

293. ¡Cielos!

(Blanden sus espadas y, luchando desesperadamente, desaparecen.)

MUJERES
Infausto giorno!
Preghiam pè ` figli nostri!
Cessa il fragor!

294. ¡Día infausto!
¡Recemos por nuestros hijos!
¡Cesa el fragor!

SOLDADOS
Vittoria!

295. ¡Victoria!

MUJERES
Vittoria!

296. ¡Victoria!

*(Aparece Malcolm seguido por soldados ingleses,
los cuales arrastran como prisioneros a los soldados de Macbeth.
Llega también Macduff con otros soldados, bardos y pueblo.)*

MALCOLM
Ove s'e fitto l'usurpator?

297. ¿Dónde se esconde el usurpador?

MACDUFF
Colà da me traffitto.

298. Allí quedó muerto por mí.
(Se arrodilla.)
¡Salve oh Rey!

Salve o Re!

MACDUFF, SOLDADOS, PUEBLO
Salve, o Re!

299. ¡Salve oh Rey!

SOLDADOS Y PUEBLO
Macbeth, Macbeth, ov'è?
Dov'è l'usurpator?
D'un soffio il fulminò,
il Dio della vittoria.

300. ¿Dónde está Macbeth?
¿Dónde está el usurpador?
De un soplo lo fulminó,
el Dios de la victoria.

SOLDADOS Y PUEBLO (*continuó*)
Il prode eroe egli è
che spense il traditor!
La patria, il Rè salvò;
a lui onor e gloria!
Il prode eroe egli è...
Macbeth, Macbeth, ov'è? ...

MUJERES
Salgan mie grazie a te,
a chi ne liberò
inni cantiam di gloria!

MACDUFF
S'affidi ognun al Re
ridato al nostro, amor!
L'aurora che spuntò
vi darà pace e gloria!

MALCOLM
Confida o Scozia in me
fu spento l'oppressor!
La gioia eternerò
per noi di tal vittoria!

SOLDADOS Y PUEBLO.
Il prode eroe egli è...

MACDUFF
Ognun s'affide al Re...

MALCOLM
Scozia t'affida in me...

MUJERES.
Salgan le mie grazie...

SOLDADOS Y PUEBLO.
...A lui honor e gloria!

(*A Macduff*)
¡Él es el valiente héroe
que mató al traidor!
¡A la patria y al Rey salvó;
gloria y honor para él!
Él es el valiente héroe...
¿En dónde está Macbeth? ...

301. ¡Que mis gracias se eleven a ti,
a quién nos liberó
cantemos himnos de gloria!

302. ¡Que todos pongan su confianza en el Rey
devuelto a nuestro amor!
¡La aurora que ha despuntado
os dará paz y gloria!

303. ¡Confía en mi Escocia
el opresor fue muerto!
¡La gloria de ésta victoria
perdurará para siempre!

304. Él es el valiente héroe...

305. Que todos confíen en el Rey...

306. Escocia confía en mí...

307. Que mis gracias se eleven...

308. ...¡A él honor y gloria!

FIN

Biografía de Giuseppe Verdi

Giuseppe Verdi nació en el seno de una familia muy modesta, el 10 de Octubre de 1813 en una pequeña población llamada Le Roncole perteneciente al Ducado de Parma en el norte de Italia, en ese entonces bajo el dominio de Napoleón.

Verdi contó desde muy joven con la protección de Antonio Barezzi, un comerciante de Busseto, pueblo vecino a Le Roncole, quien creyó en el potencial musical del joven. Gracias a su apoyo, Verdi pudo desplazarse a Milán con la intención de ingresar como estudiante al Conservatorio cosa que no logró debido a obstáculos burocráticos.

Durante 18 meses de la educación musical de Verdi, en Milán, quien se desempeñó en forma brillante como estudiante.

Sin embargo, por recomendación de Antonio Barezzi, el maestro Vincenzo Lavigna se hizo cargo durante 18 meses de la educación musical de Verdi, en Milán, quien se desempeñó en forma brillante como estudiante.

El 4 de Mayo de 1836, Verdi y Margherita, hija de Antonio Barezzi contrajeron nupcias, ambos tenían 23 años. El 23 de Marzo de 1837, Margherita dio a luz una niña que fue bautizada con el nombre de Virginia Maria Luigia.

En 1836, Verdi fue nombrado Maestro de Música de Busseto y un año después, en Milán, estrenó su primera ópera Oberto Conte di San Bonifacio que resultó todo un éxito y le procuró un contrato con el Teatro alla Scala. El 11 de Julio de 1836 nació el segundo hijo de Margherita, lo llamaron Icilio, Romano, Carlo, Antonio.

En 1840, comenzaron las desgracias en la vida de Verdi, primero enfermó su hijo y falleció, pocos días después, la niña también enfermó gravemente y murió y por último en los primeros días de Junio, Margherita contrajo la encefalitis y también falleció.

Todo esto sumió a Verdi en una profunda depresión que estuvo a punto de hacerlo abandonar su carrera musical. En esos días Ricordi su editor, le mostró el libreto de *Nabucco* que le devolvió su interés por la composición.

El 9 de Marzo de 1842 Verdi estrenó *Nabucco* en el Teatro alla Scala, el estreno constituyó un gran éxito y fue su consagración como compositor.

Durante los ensayos de *Nabucco*, Verdi conoció a Giuseppina Strepponi la protagonista de la ópera, que se convirtió en su pareja y con quien se casó en 1859 y vivió con ella hasta 1897 año en que ella murió.

Verdi escribió un total de 27 óperas, una misa de *Requiem*, un *Te Deum*, el *Himno de las Naciones*, obras para piano, para flauta, y otras obras sacras.

Verdi dejó su cuantiosa fortuna para el establecimiento de una casa de reposo para músicos jubilados que llevaría por nombre La Casa Verdi, en Milán que es en donde se encuentra enterrado junto con Giuseppina.

Verdi falleció en Milán, de un derrame cerebral el 27 de Enero de 1901 a los 88 años de edad. Su entierro causó una gran conmoción popular y al paso del cortejo fúnebre el público entonó el coro de los esclavos de *Nabucco* "*Va pensiero sull ali dorate.*"

Óperas de Verdi

Aida	*La Battaglia di Legnano*
Alzira	*La Forza del Destino*
Attila	*La Traviata*
Don Carlo	*Luisa Miller*
Ernani	*Macbeth*
Falstaff	*Nabucco*
Giovanna D'Arco	*Oberto Conte di San Bonifacio*
I Due Foscari	*Otello*
I Lombardi	*Rigoletto*
I Masnadieri	*Simon Boccanegra*
I Vespri Siciliani	*Stiffelio*
Il Corsaro	*Un Ballo in Maschera*
Il Re Lear	*Un Giorno de Regno*
Il Trovatore	

Acerca de Estas Traducciones

El Dr. Eduardo Enrique Prado Alcalá nació en 1937 en el norte de México, estudió la carrera de medicina y se especializó en cáncer ginecológico y cáncer de mama.

Ejerció su carrera durante 40 años y finalmente llegó a la edad del retiro.

Desde la edad de 42 años, se hizo aficionado a la ópera y a la música clásica y formó parte de un grupo de amigos aficionados a estas disciplinas. Tuvo la oportunidad de asistir a funciones operísticas en la Ciudad de México, en Guadalajara México, en Toluca México, en Mazatlán México, en Seattle, en Madrid y en Londres. Organizó en la Ciudad de Mazatlán tres conciertos de música clásica, uno de ellos en la catedral.

Jugum Press y Ópera en Español

Prensa publica estas traducciones de ópera por Dr. E.Enrique Prado:

Vincenzo Bellini:
Norma

Georges Bizet:
Carmen

Gaetano Donizetti:
Anna Bolena, Don Pasquale, Lucia di Lammermoor,
Lucrezia Borgia

Ruggero Leoncavallo:
I Pagliacci

Pietro Mascagni:
Cavalleria Rusticana

Wolfgang Amadeus Mozart:
Die Zauberflöte, Don Giovanni, Le Nozze di Figaro

Giacomo Puccini:
La Boheme, La Fanciulla del West, Madama Butterfly, Manon Lescaut, Tosca
El Tríptico: Gianni Schicchi, Suor Angelica, Il Tabarro

Giacchino Rossini:
Il Barbiere Di Siviglia, La Cenerentola

Giuseppe Verdi:
Aida, Un Ballo in Maschera, Don Carlo, Ernani, Falstaff, La Forza del Destino,
I Lombardi, Macbeth, Nabucco, Otello, Rigoletto, Simon Boccanegra, La Traviata,
Il Trovatore

Para información y disponibilidad, por favor vea
www.operaenespanol.com
Correo: JugumPress@outlook.com
Síganos en Twitter: @jugumpress
Regístrate para nuestras noticias: http://eepurl.com/5m7tj

www.ingramcontent.com/pod-product-compliance
Lightning Source LLC
Chambersburg PA
CBHW081301040426
42452CB00014B/2604